BEI GRIN MACHT SICH IHR WISSEN BEZAHLT

Bibliografische Information der Deutschen Nationalbibliothek:

Die Deutsche Bibliothek verzeichnet diese Publikation in der Deutschen National-bibliografie; detaillierte bibliografische Daten sind im Internet über http://dnb.d-nb.de/ abrufbar.

Impressum:

Copyright © 2010 GRIN Verlag, Open Publishing GmbH
Druck und Bindung: Books on Demand GmbH, Norderstedt Germany
ISBN: 9783656945543

Dieses Buch bei GRIN:

http://www.grin.com/de/e-book/295704/vergleich-und-analyse-von-datenbanken-zur-unternehmerischen-nutzung

Hanspeter Zach

Vergleich und Analyse von Datenbanken zur unternehmerischen Nutzung

GRIN Verlag

GRIN - Your knowledge has value

Der GRIN Verlag publiziert seit 1998 wissenschaftliche Arbeiten von Studenten, Hochschullehrern und anderen Akademikern als eBook und gedrucktes Buch. Die Verlagswebsite www.grin.com ist die ideale Plattform zur Veröffentlichung von Hausarbeiten, Abschlussarbeiten, wissenschaftlichen Aufsätzen, Dissertationen und Fachbüchern.

Besuchen Sie uns im Internet:

http://www.grin.com/

http://www.facebook.com/grincom

http://www.twitter.com/grin_com

Vergleichende Datenbank-Analyse

Bachelorarbeit
im
Studiengang Wirtschaftsinformatik
an den
Ferdinand Porsche Fernfachhochschulstudiengängen

Hanspeter Zach

Wien und Wiener Neustadt, 30. Jänner 2010

Zusammenfassung

Datenbanken sind aus einem Unternehmen nicht mehr wegzudenken. In beinahe allen Geschäftsbereichen werden Daten zur vielfältigen Weiterverwendung gespeichert. Daher stellt die Auswahl einer passenden Datenbank eine essentielle Frage dar, da die Anforderungen, die vom Unternehmen an ein Datenbanksystem gestellt werden, sich immer komplexer gestalten. Zusätzlich weisen die unterschiedlichen Datenbanksysteme umfangreiche Featurelisten bei unterschiedlicher Performance und Skalierung auf, was die Auswahl erschwert, da ein größeres Know-How seitens den Entscheidungsträgern vorausgesetzt wird. In dieser Arbeit werden vier Datenbanken (Microsoft SQL Server, MySQL, Oracle und PostgreSQL) einer Analyse im Hinblick auf die oben genannten Faktoren unterzogen. Diese vollzieht sich in zwei Schritten. Im ersten Schritt wird auf den Hintergrund der Datenbank eingegangen; Supportleistungen, Lizenzierung sowie Administrationswerkzeuge werden eingehend behandelt, gegenübergestellt und kritisch geprüft. Im zweiten Schritt werden Datenbankfeatures erhoben und die Funktionalität dieser Anforderungen mithilfe verschiedener Testunternehmensdatenbanken tatsächlichen Anforderungen gegenübergestellt. Eine Entscheidungsmatrix fasst die Ergebnisse objektiv zusammen, die als inhaltliche und wertfreie Entscheidungsgrundlage gesehen werden können.

Inhaltsverzeichnis

1 Einleitung

Seit der Erfindung des relationalen Datenbank-Modells in den 1960- und 70ern durch Edgar F. Codd, der mit seinem Prototyp "System R" die damals bekannte Welt der Datenbanken[1] auf den Kopf stellte, kann der interessierte Benutzer aus einer Vielzahl von verschiedenen Datenbankensystemen auswählen. Die Kriterien sind vielfältig, die Featureslisten scheinbar endlos. Gerade für Unternehmen ist ein Datenbanksystem unerlässlich geworden. Es kommt nicht auf die Größe des Unternehmens an, wenngleich die Anforderungen bei einem Multikonzern mit Abteilungen auf allen Kontinenten sich etwas anders darstellen müssen als ein Ein-Mann-Unternehmen aus der sogenannten "Hinterhofgarage". Dennoch verwenden alle eine Datenbank, um damit beispielsweise ihren Kundenstamm, das Artikelmanagement und Bestellwesen, Auswertungen oder das Lieferantenmanagement abzuwickeln. Die Anwendungsbereiche sind vielfältigst; gerade deshalb ist es unumgänglich, ein Datenbanksystem zu wählen, das alle gestellten Anforderungen abdeckt, um für zukünftige Erweiterungen und Entwicklungen gerüstet zu sein.

Ebenso wichtig ist es, bei der Auswahl der Datenbank darauf zu achten, dass die Anzahl der nicht benötigten Features gering gehalten wird, damit eventuell vorhandene Lizenzkosten bzw. die Hardwareanforderungen dieser nicht genutzen Möglichkeiten den Verwaltungsaufwand (für die Datenbankverantwortlichen) nicht unnötig in die Höhe treiben. Hier ist es wichtig, die Inhalte der Aussagen der werbenden Unternehmen genauest zu vergleichen und eventuell von Fachleuten überprüfen zu lassen, sodass es im produktiven Einsatz zu keinen unliebsamen Überraschungen kommen kann.

Ziel dieser Arbeit ist es, vier Datenbanken miteinander zu vergleichen, die bedeutend in ihrer Marktpräsenz sind. Der direkte Vergleich an sich vollzieht sich im ersten Teil mittels einer objektiven Betrachtung des "Backgrounds" der Datenbanksysteme. Dabei werden verwendete Lizenzen bzw. Lizenzkosten sowie die Supportleistung des Herstellers beschrieben und kritisch betrachtet. Ein besonderer Augenmerk gilt der Administration einer Datenbank und ihren Werkzeugen zur Skalierung und Performance, die eingesetzt werden müssen, um den Datenbankbetrieb zu beobachten, zu bewerten, um bei notwendigen Änderungen gezielt eingreifen zu können.

In der Folge werden in einer Analyse unter Zuhilfenahme ausgewählter Testunterneh-

---

[1] Aus Gründen der Lesbarkeit wird häufig der Ausdruck "Datenbank" oder "Datenbanksystem" verwendet, obwohl die korrekte Bezeichnung "Datenbankmanagementsystem" (DBMS) wäre.

mensdatenbanken Features erhoben, die für den produktiven Betrieb benötigt werden, diese werden kritisch auf ihre Verwendung bzw. Notwendigkeit hinterfragt. Diese Features werden in den Kategorien Datenintegrität, Datenzugriff und Datenorganisation zusammengefasst. Eine Entscheidungsmatrix am Ende der Analyse fasst die Problemstellungen zusammen und präsentiert konzentriert und objektiv die Ergebnisse der Auswertung der Datenbanksysteme. In Kapitel 4 werden diese Auswertungspunkte kritisch kommentiert.

2 Datenbanken - ein Vergleich

Im Bereich der Datenbank-Server gibt es eine Vielzahl von möglichen Auswahlkandidaten, allein auf Wikipedia werden mehr als 25 relationale Datenbankmanagementsysteme aufgelistet[2]. Dennoch stellt sich eine Auswahl als nicht ganz so schwierig dar, wie es den Anschein hat, denn wenn man die Vielzahl an kleinen Projekten und exotischen Systemen außer Betracht lässt, bleibt eine überschaubare Anzahl an Datenbanken übrig, die teilweise schon Jahre und Jahrzehnte am Markt mitwirken. Diese teilen sich gleichmäßig in Systeme kommerzieller Anbieter und in Systeme auf, die als Open Source unter einer freien Lizenz der Allgemeinheit zur Verfügung gestellt wurden. Neben den kommerziellen großen Drei am Markt: Microsoft, IBM und Oracle, die laut IDC ca. 80% des Marktes im Jahr 2007 unter sich aufteilten[3], stehen ihnen aus dem Open Source Bereich die bekannten Vertreter MySQL und PostgreSQL gegenüber bzw. in der Aufzählung von Features in nichts nach. Aber auch Datenbanksysteme wie Firebird, das von Borland als freie Software veröffentlicht wurde und Ingres, das Datenbanksystem von Computer Associates (CA) sollen hier nicht unerwähnt bleiben.

Um eine objektive Analyse zu ermöglichen, sollen jeweils 2 Vertreter aus dem kommerziellen Bereich und 2 Vertreter der Open Source Community hier behandelt werden. Ein wichtiges Kriterium für diese Auswahl war die lizenzkostenfreie Nutzung der betreffenden Datenbanksysteme. Der Kostenfaktor soll in der Entscheidungsmatrix in Kapitel 3.4 keine Berücksichtigung finden und daher eine objektive Bewertung der technischen Möglichkeiten ermöglichen. Um dies für die beiden kommerziellen Systeme zu gewährleisten, wurden Microsoft und Oracle ausgewählt, da beide ihre Datenbanksysteme jeweils kosten- und lizenzfrei der Community zur Verfügung stellen, wenn auch in einer umfangbeschränkten Version. MySQL, laut Definition auf der Herstellerhomepage *"world's most popular open source database"* und PostgreSQL, ebenfalls laut Eigendefinition *"world's most advanced open source database"* komplettieren die Auswahl.

Im folgenden werden die vier behandelten relationalen Datenbanken in alphabetischer Reihenfolge vorgestellt.

---

[2]Vgl. wikipedia.org (2009)
[3]Vgl. Alexander (2008)

3

2.1 Microsoft SQL-Server

Microsofts erste Schritte im Bereich der Datenbanken begannen 1987 mit einer Partnerschaft mit dem Hersteller Sybase und setzten sich in der Veröffentlichung mit der Software SQL Server 1.0 fort. Dies war keine vollständige eigene Entwicklung - denn es wurde die Unix-Version der Sybase-Datenbank "DataServer" für OS/2 und Windows portiert. Im Jahr 1994 wurde diese Partnerschaft gelöst; 1995 kam mit dem SQL Server 6.0 die erste Eigenentwicklung von Microsoft auf den Markt. Mit dem SQL Server 2000 erschien im gleichnamigen Jahr die erste Enterprise Database Server Version, im August 2008 folgte die derzeit aktuelle Version, SQL Server 2008. In dieser Analyse wird auf die frei verfügbare Version SQL Server 2008 Express Advanced Edition genauer eingegangen und verwendet[4].

Lizenzierung

Microsoft bietet mit dem SQL Server Express eine kostenlose Version der Datenbank an, die weniger in ihren Möglichkeiten, als viel mehr in ihrer Leistungsfähigkeit eingeschränkt ist. Auf der kommerziellen Schiene gibt es sogenannte "Core Editions" (Enterprise und Standard) und "Specialized Editions" (Workgroup, Web und Developer). Es ist in der Express Version eine Upgradefunktion auf die Standard- oder Enterprise Edition integriert. In Tabelle 2.1 sind die Unterschiede beispielhaft an 2 Versionen dargestellt[5].

	Standard	Express
CPU	4	1
RAM (GB)	OS Maximum	1
DB Größe	Unlimitiert	4
Lizenzierung	pro CAL od. pro CPU	frei

Tabelle 2.1: Vergleich; SQL Server 2008 Standard und Express

Pro CAL bedeutet, dass eine Lizenz für jedes Gerät oder jeden Benutzer, der auf den SQL Server zugreift, fällig wird. Pro CPU analog dazu bedeutet, dass für jeden physischen oder virtuellen Prozessor, der für SQL Server genutzt wird, eine Lizenz benötigt wird.

Support

Supportleistungen werden von Microsoft in Form von Foren, FAQs und Knowledge Bases kostenlos zur Verfügung gestellt. Updates in Form von Service Packs sind über die herstellereigenen Download-Seiten verfügbar, Hotfixe (Updates, die ein bestimmtes Problem beheben) sind nach Bekanntgabe einer Email-Adresse ebenfalls als Download verfügbar,

---

[4]http://www.microsoft.com/express/download/
[5]Vgl. microsoft.com (2008b)

bzw. werden in den regelmäßig erscheinenden Service Packs für alle Betroffenen ausgerollt. Neben diesen kostenlosen Supportleistungen besteht natürlich auch die Möglichkeit, professionelle Unterstützung bei Microsoft selbst als auch bei lizenzierten Drittanbietern einzukaufen.

Administrationswerkzeuge

Zum Management der Datenbank steht ein grafisches Werkzeug namens SQL Server Management Studio Express (SSMS) zur Verfügung, das sich in seinen Eigenschaften vom kompletten SQL Server Management Studio in einigen wenigen Punkten, die vor allem die Analyse und das Reporting betreffen, unterscheidet. Natürlich können ebenfalls SQL-Abfragen und Skripte grafisch abgesetzt werden. Die Datenbank ist nur auf Windows Betriebssystemen verfügbar.

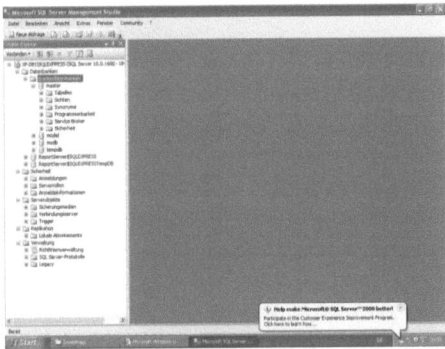

Abbildung 2.1: Microsoft Visual Studio (MSSQL)

2.2 MySQL

Die Entwicklung des MySQL DBMS durch das neugegrundete Unternehmen MySQL AB startete im Jahr 1994. Es handelte sich dabei aber nicht um eine komplette Neuentwicklung, sondern um einen Klon des damals populären Datenbanksystems MSQL (oder auch MiniS-QL). Im Jahr 2000 erschien die die erste Version der neuen MySQL DBMS, allerdings nicht mit der Versionsnummer 1.0, sondern mit dem Versionsstand 3.21 um zu signalisieren, dass dies kein komplett neu programmiertes Datenbanksystem ist, sondern dass es durch seinen MSQL-Kern bereits eine ausgereifte und geprüfte Vorgeschichte hatte. Große Populariät und Verbreitung erreichte MySQL durch die Tatsache, dass es unter der GPL veröffentlicht wurde. In Kombination mit den ebenfalls frei verfügbaren Softwareprodukten Linux als Betriebssystem, Apache in der Funktion als Webserver, MySQL als DBMS und PHP als verwendete Skriptsprache, hatte jeder Interessierte die Möglichkeit, mit minimalen Kosten einen eigenen Internetauftritt zu realisieren oder Webdienste anbieten zu können. Auch heute noch ist diese Kombination als "LAMP" bekannt und Grundlage zahlreicher Webanwendungen. Im Februar 2008 wurde MySQL AB um 1 Milliarde Dollar an das Hard- und Softwareunternehmen Sun Microsystems verkauft mit der Absicht, den Markt der reinen Webanwendungen auf unternehmenskritischen Anwendungen zu erweitern[6].

Sun Microsystems seinerseits wurde im April 2009 durch den Softwarehersteller Oracle übernommen, was insofern interessant ist, da Oracle mit seinem Datenbankprodukt "Database 11g"bereits ein professionelles DBMS entwickelt, vertreibt und betreut. Zu diesem DBMS wird in Abschnitt 2.3 besonders eingegangen. Derzeit ist die MySQL Version 5.1.38 als stabile Version freigegeben[7] und kommt in dieser Analyse auch zum Einsatz[8].

Lizenzierung

MySQL verwendet ein Dual-Licensing-Modell, dass bedeutet, dass die Software sowohl unter einer Open-Source-Lizenz als auch unter einer kommerziellen Lizenz angeboten wird. Die Open-Source-Lizenz benennt MySQL AB als "Community-Edition" (unter der GPL-Lizenz veröffentlicht); die kommerzielle Lizenz läuft unter dem Namen "Enterprise". Grundsätzlich ist das Produkt für Kunden beider Lizenztypen identisch. Ein Unterschied besteht aber bei Supportleistungen und Administrationswerkzeugen[9].

Support

MySQL AB bzw. Sun bieten seinen Enterprise Kunden monatliche Updates und sicherheitskritische Fehlerbehebungen. Der Support schließt auch technische Anfragen, FAQs und die Benutzung der Wissensdatenbank mit ein. Sonstige Supportleistungen können bei MySQL AB oder einem lizenzierten Partnerunternehmen dazu gekauft werden. Community-Edition Benutzer können auf eine breite Unterstützung durch die Community zurückgreifen, auch die MySQL-Dokumentation selbst ist von MySQL AB freigegeben, Im Bezug auf die Aktualität der verfügbaren Releasestände sind sie aber auf vorkompilierte Versionen der Datenbank angewiesen, die etwa im Halbjahrestakt erscheinen. Diese Versionen beinhalten jeweils die aktuell freigegebene Datenbankversion, ergänzt um die seit der letzten Version erschienenen Updates und Sicherheitspatches. Dieses Vorgehen von MySQL AB sorgt

---

[6]Vgl. Diedrich (2008)
[7]Vgl. mysql.com (2009a)
[8]http://dev.mysql.com/downloads/mysql/5.1.html
[9]Vgl. mysql.com (2009c)

innerhalb der Community wiederholt für kritische Diskussionen, da die freien Entwickler zwar Sicherheitslücken finden und beschreiben, aber erst später aus dieser Arbeit Nutzen ziehen können[10].

Administrationswerkzeuge

Die grafischen Administrationswerkzeuge von MySQL in der Version 5.1 gliedern sich in 3 Programme, die sowohl für die Community Edition als auch für die Enterprise Edition identisch sind[11]:

- MySQL Administrator
  Er findet Verwendung bei der grundsätzlichen Verwaltung von Benutzern und Datenbanken und deren Sicherung bzw. Rücksicherung.

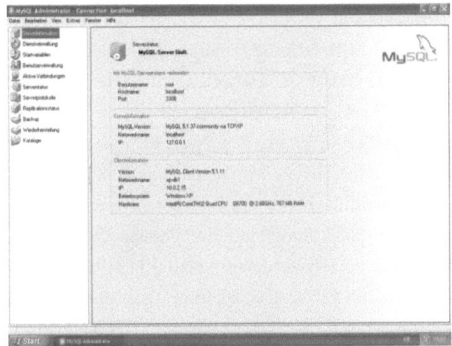

Abbildung 2.2: MySQL Administrator (MySQL)

- MySQL Query Browser
  Ist die Oberfläche für SQL Abfragen und hilfreich bei der Erstellung von Views, Triggern u.ä..

- MySQL Migration Toolkit
  Hier handelt es sich um ein Tool zur Migration, welches einen rudimentären Import von jeder Datenbank ermöglicht, die per JDBC (Java Database Connectivity) angesprochen werden kann. Für die DBMS MS Access, MS SqlServer, Sybase und Oracle

---

[10]Vgl. Kofler (2008)
[11]Vgl. mysql.com (2009b)

bietet es sogar einen optimierten Import an, der auf die jeweiligen Eigenheiten der Systeme eingeht[12].

Zusätzlich bietet MySQL AB noch ein Werkzeug zur grafischen Erstellung und Einrichtung der Schemata einer Datenbank namens "MySQL Workbench" zum kostenlosen Download an[13]. Bis auf das MySQL Migration Toolkit sind alle Werkzeuge und natürlich das Datenbanksystem selbst für die Betriebssysteme Windows, Mac OS und Linux (Unix) verfügbar.

Weitere Werkzeuge für Analyse, Reporting und Monitoring sind nur für Lizenznehmer der Enterprise Version verfügbar und werden daher hier nicht näher erläutert.

2.3 Oracle Database

Oracle wurde ursprünglich 1977 von den Programmierern Larry Ellison, Bob Miner und Ed Oates unter dem Namen SDL (Software Development Laboratories) gegründet. Nach einer Namensänderung 1979 in Relational Software Inc. veröffentlichte das Unternehmen die erste kommerzielle relationale SQL Datenbank (Oracle 2.0). 1982 wurde der Name dann endgültig in Oracle geändert; 1985 erschien mit der Version 5.0 die erste relationale Datenbank mit einer Client/Server Umgebung. Nach diversen Zwischenversionen, die neue Features in die Datenbank integrierten, wurde im Jahr 2000 mit der Version Oracle9iAS eine Kombination aus Applikationsserver und Datenbank veröffentlicht, die die Performance für Webzugriffe steigerte. 2003 wurde mit der Version Oracle 10g ("g" steht für Grid computing) und 2007 mit der derzeit aktuellen Version 11g der Fokus auf verteilte Systeme gelegt. Im April 2009 übernahm Oracle Sun Microsystems und damit auch die renommierten Produkte Solaris, Java, MySQL und OpenOffice[14]. Im Folgenden wird in dieser Analyse die frei verfügbare Version Oracle Database 10g Express Edition analysiert[15].

Lizenzierung

Oracles Lizenzpolitik ist ähnlich aufgebaut wie die bei Microsofts SQL Server. Es gibt eine kommerzielle Variante und eine Express-Version Variante, die aber nicht wie bei Microsoft auf dem gleichen Versionsstand ist wie die kommerzielle Version. Zum Zeitpunkt dieser Arbeit ist nur Oracle 10g frei verfügbar, nicht aber der aktuellere Nachfolger Oracle 11g. Die Unterschiede zwischen den Versionen ähneln denen der Microsoft Lösung: Oracle Database 10g Express Edition unterstützt ebenfalls nur einen Prozessor, einen Gigabyte Hauptspeicher und eine maximale Datenbankgröße von vier Gigabyte[16].

---

[12]Vgl. mysql.com (2008a)
[13]Vgl. mysql.com (2008b)
[14]Vgl. Kleijn (2009)
[15]http://www.oracle.com/technology/software/products/database/xe/htdocs/102xewinsoft.html
[16]Vgl. oracle.com (2006)

Die Lizenzierung der kommerziellen Variante gliedert sich in[17]:

- Named User Lizenz

  Hierbei wird die Lizenz direkt für eine Person vergeben. Diese Lösung bietet sich bei kleinen Datenbankprojekten an.

- Prozessor Lizenz

  Jeder Prozessor, der für die Datenbanknutzung aktiviert ist, wird lizenziert. Abhängig davon, ob es sich um einen physischen oder virtuellen Prozessor handelt, wird noch unterschieden, ob es sich um einen Single-, Dual- oder Multicore-Prozessor handelt. Bei Zugriffen über das Internet, wo die genaue Anzahl der Nutzer nicht exakt definiert werden kann, kommt diese Varante der Lizenzierung zum Einsatz.

- Fix Term Lizenz

  Fix Term Lizenzen sind zeitlich befristet. Die Laufzeit ist variabel und zwischen 1 und 5 Jahren möglich. DIese Variante bietet sich bei Projekten mit definierter Laufzeit an, um beispielsweise Lizenzkosten exakt auf das Projekt umlegen zu können

Die Express Datenbank ist für Windows und Linux verfügbar.

Support

Auch beim Support gibt es Ähnlichkeiten mit Microsoft. Dokumentationen und White Papers sind größtenteils für alle Nutzer verfügbar, des weiteren gibt es Unterstützung durch Foren und Newsgroups. Patches und Sicherheitsupdates hingegen sind nur für Nutzer mit gültigem Support-Vertrag zugänglich und erscheinen vierteljährlich[18]. Weitere Unterstützung kann bei Oracle selbst, als auch bei lizenzierten Partnern eingekauft werden.

Administrationswerkzeuge

Das Administrationswerkzeug der Oracle Database Express Edition ist als rein webbasierte Lösung gestaltet. Dies bringt den Vorteil, dass der Zugriff auf die Administrationsoberfläche komplett betriebssystemunabhängig erfolgen kann. Natürlich sind auch hier SQL-Abfragen möglich.

Es gibt auch für Oracle Datenbanken eine frei verfügbare Migrationsmöglichkeit namens SQL Developer, um von anderen Datenbanksystemen wie MySQL, SQL Server, MS Access und Sybase auf Oracle zu migrieren. Durch die Verwendung von Java ist auch die Migration von jedem Java-Runtime fähigen Rechner möglich[19].

---

[17]Vgl. aspicon.de (2009)
[18]Vgl. oracle.com (2009)
[19]Vgl. oracle.com (2008)

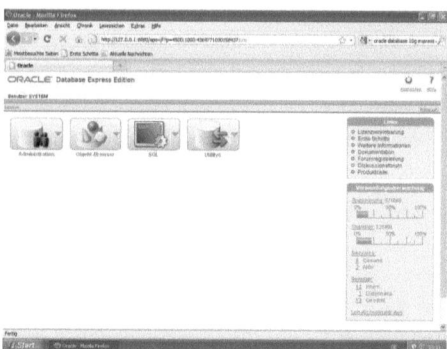

Abbildung 2.3: webbasierte Administrationsoberfläche (Oracle)

2.4 PostgreSQL

Dieses Datenbanksystem war eine der ersten Open-Source Datenbanken im relationalen Bereich und wurde 1988 an der Universität von Kalifornien in Berkeley von Professor Michale Stonebraker entwickelt, damals unter dem Namen "Postgres". Im Jahr 1994 wurde die SQL-Abfragesprache hinzugefügt und 1995 unter dem neuen Namen "Postgres95" im Web unter der BSD Lizenz zum Download angeboten. Der Name wurde später (1996) in seinen heutigen "PostgreSQL" geändert, um die starke Beziehung zu der SQL-Funktionalität zu demonstrieren. Derzeit ist der Entwicklungsstand für die stabile Version bei Version 8.4.1 angekommen und diese wird auch in dieser Analyse besprochen[20].

Lizenzierung

Bei PostgreSQL handelt es sich um ein Open Source Datenbanksystem, das unter der BSD Lizenz veröffentlicht wird. Das bedeutet: *Permission to use, copy, modify, and distribute this software and its documentation for any purpose, without fee, and without a written agreement is hereby granted...*[21].

Support

Anders als bei den vorangegangenen Datenbanken gibt es bei PostgreSQL streng genommen kein herstellendes Unternehmen im Hintergrund, dem diese Datenbank gehört und - wie in der BSD-Lizenz festgehalten - somit auch keine Garantie, dass dieses System so

---

[20]http://www.postgresql.org/download/
[21]Vgl. postgresql.org (2008)

funktioniert, wie es soll. Auch gibt es einen rechtlichen Anspruch auf Updates oder das Beheben von sicherheitskritischen Fehlern; das könnte für ein Unternehmen ein weiterer Grund sein, kritische Datenbank(en) nicht auf der PostgreSQL-Schiene zu betreiben. Als Lösung hiefür bieten weltweit Unternehmen kommerziellen Support und Schulungen an, die sich auch auf spezielle Weiterentwicklungen erstreckt. Wie bei Open-Source Projekten üblich, gibt es eine Entwicklungsgruppe, die für die Koordination von Terminen für neue Versionen und neue Features, die eingebaut werden, zuständig ist und natürlich auch für die Fehlerbehebung sorgt. Diese Gruppe besteht aus einer Vielzahl von freien Entwicklern und Programmierern, die unentgeltlich ihre Leistungen in dieses Projekt einbringen.

Administrationswerkzeuge

Alle Administrationstätigkeiten werden mit dem Werkzeug pgAdmin erledigt. Neben den üblichen Möglichkeiten des Datenbankmanagements bietet dieses Werkzeug auch nativen Zugriff auf die Datenbank, so dass Datenmanipulationen auf SQL-Basis ohne zusätzlichen ODBC-Treiber möglich sind. Weitere Tools findet man in einer eigenen Entwicklungsgruppe namens "BgFoundry"[22], diese gehören nicht direkt zum Kernprodukt. Hier werden Open-Source Softwareprojekte entwickelt und veröffentlicht.

Die Datenbank ist für Windows, Mac OS und Unix-Derivate verfügbar.

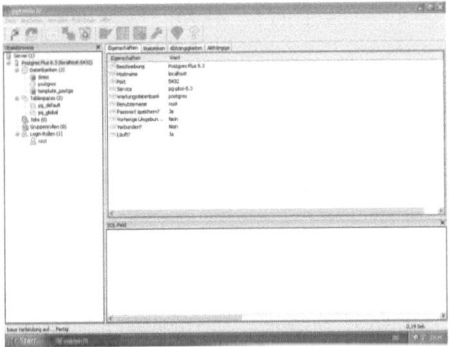

Abbildung 2.4: Administrationstool pgAdmin III (PostgreSQL)

---

[22]www.pgfoundry.org

3 Datenbanken - eine Analyse

Nach dem Vergleich der Datenbanken, der die Lizenzierung, den Support und die Administrationswerkzeuge betrifft, behandelt dieses Kapitel die technische Analyse von Features und deren Anforderungen an den DBMS Microsoft SQL-Server, MySQL, PostgreSQL und Oracle anhand von Szenarien, die in einer Unternehmensdatenbank durchaus vorkommen können. Zur Verdeutlichung werden diese Anforderungen nach [Horstmann (2006)] in folgende Kategorien unterteilt und besprochen:

1. Datenintegrität

2. Datenzugriff

3. Datenorganisation

Die Analyse basiert auf Verwendung von Beispieldatenbanken: Northwind für Microsoft SQL [23], das frei verfügbare Sakila-Skript für MySQL [24] und einer eigenen generierten Beispielsdatenbank für Oracle und PostgreSQL[25]. Die einzelnen Analysepunkte werden kurz vorgestellt und, wo nötig bzw. möglich, per Listing veranschaulicht. In Kapitel 3.4 werden in einer Entscheidungsmatrix die Anforderungen zusammengefasst und übersichtlich präsentiert.

Ein Aspekt, der in dieser Analyse aufgrund seines Umfangs nicht näher behandelt werden kann, aber hier trotzdem erwähnt wird, ist die Frage der Geschwindigkeit einer Datenbank. Gemeint ist damit die Zeitspanne, die die Datenbank benötigt, um beispielsweise eine SQL-Abfrage oder eine gespeicherte Prozedur abzuarbeiten und ein Ergebnis als Rückwert zu liefern. Problematisch ist hierbei einerseits die Tatsache, dass jede Datenbank eine Fülle von möglichen Optionen bietet, um durchzuführende Datenbankaufgaben zu optimieren und zu beschleunigen, andererseits macht es einen großen Unterschied[26], welche Art von Daten in wie großen Tabellen gespeichert werden[27]. Um die Objektivität dieser Analyse zu wahren wird auf eine Bewertung dieser Benchmarks nicht näher eingegangen, sehr wohl wird sie in Kapitel 4 besprochen.

---

[23]http://msdn.microsoft.com/de-de/library/ms143221.aspx
[24]http://dev.mysql.com/doc/sakila/en/sakila.html
[25]siehe Anhang A
[26]Vgl. Leo Hsu (2008)
[27]Vgl. Radim (2009)

3.1 Datenintegrität

Eine der essentiellsten und wichtigsten Anforderungen an Datenbanken ist die Datenintegrität. Darunter versteht man die

... Fehlerfreiheit, Genauigkeit und Zuverlässigkeit - kurz die Qualität - von Daten [Langenau (2001)].

Als Voraussetzung für ein verlässliches System gilt, dass die durchgeführten Transaktionen dem Akronym ACID genüge tun.

3.1.1 ACID

ACID steht für *Atomicity, Constistency, Isolation und Durability*[28] und bedeutet, dass:

- jede Transaktion entweder ganz oder gar nicht ausgeführt wird (atomar)

- jede Transaktion eine konsistente Datenbank hinterlässt (unter der Voraussetzung, dass die Datenbank auch vorher schon konsistent war)

- jede Transaktion für sich isoliert ausgeführt wird und keinerlei Einfluss auf eine andere Transaktion hat

- jede Transaktion dauerhaft (persistent) in der Datenbank erhalten bleibt, auch wenn es zu einem Systemabsturz kommen sollte.

Alle 4 Datenbanken, die analysiert werden, erfüllen diese Bedingungen. Obwohl MySQL verschiedene Tabellentypen zur Auswahl anbietet, beschränkt sich diese Analyse auf den Typ "InnoDB".

3.1.2 Multiversion Concurrency Control (MVCC)

Neben ACID haben inzwischen auch alle Datenbanken die MVCC-Technik implementiert, ein Verfahren, dass dazu dient, Zugriffe, die konkurrieren, möglichst effizient und ohne Blockierung oder Konsistenzgefährdung derselben auszuführen, was bei Datenbanken, die vor allem nur lesende Zugriffe haben, beispielsweise Web- oder Datawarehouseapplikationen, eine Optimierung der Zugriffszeiten bringt[29]. Jede Transaktion verwendet eine Kopie des momentanen Zustands der Datenbank und somit kann es keine reduntanten Zugriffe auf beispielsweise die gleiche Tabelle geben. Erst am Ende der Transaktion wird diese entweder mit COMMIT in die Datenbank geschrieben oder mittles ROLLBACK abgebrochen. Ein Beispiel aus der Testdatenbank veranschaulicht die Technik (Listing 3.1).

---

[28]Vgl. Abraham Silberschatz (2006)
[29]Vgl. postgresql.org (2009a)

```
1   USE Testergmbh;
2   GO
3   BEGIN TRANSACTION;
4   GO
5   DELETE FROM kunde.nr
6       WHERE nr = 13;
7   GO
8   COMMIT TRANSACTION;
9   GO
```

Listing 3.1: SQL-Statement mit COMMIT Transaktion (Microsft SQL)

3.1.3 Fremdschlüssel

Ein ebenfalls wichtiger Punkt bei der Sicherstellung von Datenintegrität, den alle betrachteten Datenbanken erfüllen, ist die Verwendung von Fremdschlüsseln. Von Fremdschlüsseln spricht man, wenn ein Attribut einer Tabelle auf einen Primärschlüssel einer anderen oder der gleichen Tabelle verweist. Anhand eines Auszugs (Listing 3.2) aus der Beispieldatenbank wird dies veranschaulicht.

```
1    CREATE TABLE 'bestellung' (
2      'nr' int(11) NOT NULL AUTO_INCREMENT,
3      'datum' varchar(45) COLLATE latin1_german1_ci NOT NULL,
4      'kunde_nr' int(11) NOT NULL,
5      'mitarbeiter_nr' int(11) NOT NULL,
6      PRIMARY KEY ('nr','kunde_nr','mitarbeiter_nr'),
7      KEY 'fk_bestellung_kunde' ('kunde_nr'),
8      KEY 'fk_bestellung_mitarbeiter' ('mitarbeiter_nr'),
9      CONSTRAINT 'fk_bestellung_kunde' FOREIGN KEY ('kunde_nr') REFERENCES 'kunde' ('
           kunde.nr') ON DELETE CASCADE ON UPDATE CASCADE,
10     CONSTRAINT 'fk_bestellung_mitarbeiter' FOREIGN KEY ('mitarbeiter_nr') REFERENCES '
           mitarbeiter' ('mitarbeiter.nr') ON DELETE CASCADE ON UPDATE CASCADE
11   ) ENGINE=InnoDB;
```

Listing 3.2: Tabellenerzeugung mit Fremdschlüssel-Verweis (MySQL)

3.1.4 CHECK Syntax

Mittels der CHECK-Bedingung lassen sich gewisse Vorbedingungen, die für eine bestimmte Tabelle gelten, bereits bei deren Erschaffung festlegen und bestimmen. Anwendung findet diese Technik bei Attributen in Tabellen, die beispielsweise nur positive Werte und nicht Null aufweisen dürfen (Listing 3.3), oder in Fällen einer Artikeltabelle, wo nur eine Zeile für jede Produktnummer vorkommen darf.

```
1   CREATE TABLE bestellung
2   (
3   Bestellnr INT,
4   artikelnr INT,
5   bestellmenge INT,
6   check (bestellmenge >=1)
7   )
```

Listing 3.3: Tabellenerzeugung mit Check-Syntax (PostgreSQL)

Bis auf die MySQL Datenbank erfüllen alle behandelten Vertreter diese CHECK-Bedingung. Als Lösung für MySQL bietet sich die Verwendung eines Triggers (siehe Kapitel 3.3.3 auf Seite 19) an, der zwar nicht auf der Ebene der Tabellenerstellung, aber beim Einfügen von Daten diese auf ihre Richtigkeit überprüfen kann.

3.2 Datenzugriff

Unter der Kategorie Datenzugriffe sind neben den SQL-Standards, die sich in den letzten Jahren entwickelt haben, die grundsätzlichen SQL Manipulations- und Datendefinitionsbefehle, die in einer Unternehmensdatenbank zum Einsatz kommen, abgebildet.

3.2.1 SQL Standards

Es existieren eine Vielzahl von Standards und Erweiterungen für die "Structured Query Language", kurz SQL genannt. 1992 wird der Standard SQL2 oder auch SQL-92 von der ISO verabschiedet. Die Definition ist in allen 4 betrachteten Datenbanken vollständig implementiert, und damit quasi ein gegebener und notwendiger Standard. 1999 wurde ein neuerlicher Standard (SQL3 bzw. SQL:1999) verabschiedet, dessen Erneuerungen vor allem im objektorientierten Ansatz lagen. Zusammen mit dem SQL-Standard 2003 (SQL:2003), der das Feature der XML-Sprache einbringt, sind dies die gängigen Erweiterungen, die aber (noch) nicht von allen betrachteten Datenbanken unterstützt werden. So unterstützt beispielsweise MySQL die Standards 92 und 99, aber nicht 2003. PostgreSQL hingegen kann mit allen genannten Erweiterungen umgehen. (Für einen genauen Vergleich siehe Analysematrix auf Seite 23). Was bedeutet das für Testunternehmensdatenbank? Die verwendete SQL-Syntax muss genau kontrolliert werden, damit sie vollständig gültig ist. Beispielhaft wird in Listing 3.4 die im Standard 2003 eingeführte CREATE TABLE LIKE Funktionalität illustriert, eine Art "Kopierfunktion" von einer Tabelle.

```
1   CREATE TABLE kunde1 (
2     id INTEGER GENERATED ALWAYS
3     AS IDENTITY (START WITH 1,
4     INCREMENT BY 2),
5     name VARCHAR(100) NOT NULL
6     DEFAULT 'test',
7     ort CHAR(30));
8   CREATE TABLE kunde2 (
9     LIKE kunde1,
```

Listing 3.4: CREATE TABLE LIKE Funktionalität

3.2.2 Datentypen

Jede Spalte in einer Tabelle ist einem entsprechenden Datentyp zugeordnet. Bei einem Datentyp kann es sich beispielsweise um eine Zahl handeln (*int, smallint, bigint* usw.), einen Datumstyp oder einem Typ, der eine Zeichenfolge beinhalten kann (*char, varchar, text* usw). Neben diesen Standardtypen, die durch die unterstützte SQL-Standard definiert sind (siehe Kapitel 3.2.1), bieten Datenbanken auch noch die Möglichkeit, benutzerdefinierte Typen zu verwenden. Der Datenbankadministrator legt eine genau festgelegte Länge, Genauigkeit oder Dezimalstellen hierfür fest. Bis auf die MySQL Datenbank unterstützen auch alle vorgestellen DBMS benutzerdefinierte Datentypen.

Eine Sonderstellung unter den Datentypen stellen die boolschen Datentypen dar, ganzzahlige Datentypen, die laut Definition nur aus den Elementen 0 und 1 bestehen dürfen[30]. Hier scheint es eine gewissen Diskrepanz unter den Datenbanksystemen zu geben: So gibt es zum Beispiel unter Oracle keinen Datentyp *bool*, mit dem eine Tabelle Spalte deklariert werden kann, wohl aber können mit SQL-Syntax die Werte *true* und *false* deklariert werden (Listing 3.5).

```
1  DECLARE
2     v_bool BOOLEAN := FALSE;
3  BEGIN
4     v_bool := TRUE;
5  END;
```

Listing 3.5: Boolsche Variablen-Deklaration (Oracle)

MySQL hingegen arbeitet laut Referenzhandbuch mit dem Datentyp *tinyint(1)* Dieser Wert lässt auch andere Wert als 1 oder 0 zu, die extra als TRUE oder FALSE deklariert werden müssen. Die Entwickler scheinen eine eine volle Implementation des boolschen Datentyps erst in einem zukünftigen Relase verwirklichen zu wollen. Um dennoch einen quasi boolschen Standard zu ermöglichen und der Struktur der Testunternehmensdatenbank gerecht zu werden, bietet sich die Funktionalität eines Triggers an, wie es in Listing 3.11 dargestellt wird.

Microsoft SQL hat keine Probleme mit der Implementation von BOOL. Hier gibt es einen Datentyp *bit*, der mit den Weren 1, 0 oder NULL zurechtkommt (was nach dem SQL:2003 Standard genau genommen auch nicht ganz korrekt ist, da der Wert NULL keine Möglichkeit der boolschen Algebra darstellt).

Einzig PostgreSQL hält sich ganz an den SQL3 Standard. Der Datentyp *Boolean* kann genau 2 Werte annehmen: *TRUE* oder *FALSE*.

3.2.3 Datendefinitionen: CREATE, ALTER, DROP

Die Datendefinitionen sind zusammen mit den Manipulationsbefehlen in Kapitel 3.2.4 die grundlegenden Bausteine einer SQL-Datenbank. Mit den Datendefinitionen ist es möglich, Tabellen wie in Listing 3.6 gezeigt, anzulegen, zu ändern oder zu verwerfen. Tabellen sind

---

[30]Vgl. Monk (2009)

16

in Zeilen und Spalten aufgeteilt. Die Zeilen enthalten die Daten und die Spalten definieren den Typ, der in dieser Spalte gespeichert werden kann.

```
1  create table lager (
2    nr number,
3    name varchar(50),
4    ort varchar(50),
5    verantwortlicher varchar(50),
6    email varchar(50)
7  )
```

Listing 3.6: CREATE TABLE (Oracle)

3.2.4 Manipulationsbefehle: INSERT, UPDATE, DELETE

Mit Manipulationsbefehlen können Daten eingefügt, verändert und gelöscht werden. Alle 4 Datenbanken dieser Analyse sind in der Lage, betrachtete Befehle aus der Testunternehmensdatenbank wie in Listing 3.7, ohne Transaktionsprobleme auszuführen und dauerhaft in der Datenbank zu speichern.

```
1  INSERT INTO bestellung (nr, datum, kunde_nr, mitarbeiter_nr)
2    VALUES ('33', '2009-12-06', 10, '2');
```

Listing 3.7: Join von 4 Tabellen (MySQL)

3.2.5 Join

Ein Join (oder auch Verbund) ist eine Kombination der Operationen: kartesisches Produkt und Selektion, mit dessen Hife es möglich ist, Daten, die strukturiert abgelegt sind, zu vergleichen, zu filtern oder zu unterscheiden. Ein Beispiel Join aus der Testunternehmensdatenbank zeigt, dass alle Datenbanksysteme problemlos Daten vergleichen können. In Listing 3.8 werden etwa 4 Tabellen verbunden, um durch Abfrage einer Bestellnummer den Kundennamen und den Wert der bestellten Güter zu erfragen.

```
1  SELECT k.'kunde.name', b.'bestellung.nr', b.'bestellung.datum', SUM(a.'artikel.preis
     '*r.'rel_bestellung_artikel.menge') FROM artikel a, bestellung b,
     rel_bestellung_artikel r, kunde k
2  where a.'artikel.nr' = r.'artikel_artikel.nr'
3  AND r.'bestellung_bestellung.nr' = b.'bestellung.nr'
4  AND k.'kunde.nr' = b.'kunde_kunde.nr'
5  and b.'bestellung.nr' = '14';
```

Listing 3.8: Join von 4 Tabellen (MySQL)

Joins werden in folgende Gruppen eingeteilt:

- Natural Join: Alle Attribute in den selektierten Tabellen haben die gleichen Namen und den gleichen Typ.

- Inner Join: Es werden jene Datenreihen aus den selektierten Tabellen angezeigt, welche eine gemeinsame Übereinstimmung haben.

- Outer Join: Er beinhaltet im Gegensatz zum Inner Join auch jene Datenreihen, die KEINE gemeinsame Übereinstimmung haben

Des weiteren gibt es auch noch die Abwandlungen *LEFT*, *RIGHT* und *FULL*, die bei der Frage, von welcher Tabelle die restlichen, nicht verbundenen Datenreihen angezeigt werden sollen, zum Zug kommen.

Grundsätzlich unterstützen alle betrachteten Datenbanken die vorgestellten Joins nativ, nur der *FULL OUTER JOIN* ist in MySQL nicht implementiert; hier gibt es Workarounds, in denen man sich mit der Syntax *UNION* behelfen kann, die das Ergebnis zweier Abfragen miteinander verknüpft[31].

3.3 Datenorganisation

Die Kategorie Datenorganisation beinhaltet alle Vorgänge, die die Organisation sowie die Verwendung der Daten bestimmt.

3.3.1 View

Bei einem View handelt es sich um eine virtuelle Tabelle, generiert aus dem Ergebnis einer Abfrage. Die darin enthaltenen Dateien sind dynamisch, das heißt: Sobald Daten in der von der Abfrage betroffenen Tabellen geändert werden, sind auch die Daten im View geändert. Die Vorteile eines Views liegen in der Möglichkeit, die Daten aus verschiedenen Tabellen in einer virtuellen Tabelle anzuzeigen, die wiederum selbst Quelle einer Abfrage sein kann. Auch sicherheitstechnisch spielt ein Datenbank View eine interessante Rolle, da man den Datenbank-Benutzern damit nur Teilzugriffe auf Daten in den Tabellen gewähren kann[32]. Views sind aufgrund ihrer Wiederverwendbarkeit für eine Unternehmensdatenbank unerlässlich. Alle 4 betrachteten Datenbankensysteme verarbeiten das Beispiel aus Listing 3.9 korrekt.

```
1   CREATE VIEW kunde_premium
2   AS
3   SELECT nr, name, ort, premium
4   FROM kunde;
5
6   SELECT * FROM kunde_premium
```

Listing 3.9: Viewerzeugung auf der Relation kunde (MS SQL)

---

[31]Vgl. Kropff (2009)
[32]Vgl. Burleson-Consulting (2009)

3.3.2 Volltext-Index

Ein Volltext-Index bietet den Vorteil, in textbasierten Spalten einen speziellen (Teil-)Ausdruck zu suchen, wie er etwa in Dokumentenmanagement-Systemen und Supportdatenbanken vorkommt. Er bietet den Datenbank-Benutzern durch Filtersysteme erweiterte Abfragemöglichkeiten. Microsoft SQL Server bietet die Volltextsuche als optionale Komponente an, Oracle und Postgres unterstützen ebenfalls standardmäßig den Volltextkatalog, sodass bestimmte Dateitypen wie *char, varchar* und *text* verwendet werden können. MySQL bietet nur in dem Tabellentyp *MyISAM* einen Volltext-Index an, nicht aber in dem betrachteten Dateityp *InnoDB*. Listing 3.10 zeigt ein SQL-Statement, in dem mittels dem Prädikat CONTAINS ein bestimmter Wortteil gesucht wird.

```
1  USE Testergmbh;
2  GO
3  SELECT nr, name,preis
4  FROM artikel
5  WHERE preis = 62
6      AND CONTAINS(Name, 'Seagate');
7  GO
```

Listing 3.10: Verwendung der Volltextsuche (Microsoft SQL)

3.3.3 Trigger

Unter Trigger versteht man ein gespeichertes Programm, welches mit einer Tabelle verbunden ist und bei einer bestimmten Art von Änderung wie INSERT, UPDATE oder DELETE (siehe Kapitel 3.2) von Daten, diese Tabelle betreffend, aufgerufen wird und diese Änderungen durchführt. Neben dem Anzeigen, Einfügen, Ändern und Löschen von Daten kann ein Trigger auch zur Überprüfung und Wahrung der Datenkonsistenz bzw. zur logischen Überprüfung von Dateneingaben verwendet werden. Der Unterschied zu Stored Procedures, die in Kapitel 3.3.4 besprochen werden, besteht darin, dass ein Trigger bei einem bestimmten Event automatisch aktiviert wird und nicht vom Benutzer bzw. Datenbankprogrammierer manuell ausgeführt werden muss. Grundsätzlich und theoretisch ermöglichen alle betrachteten Datenbanken die Trigger Funktionalität, praktisch gibt es jedoch erhebliche Unterschiede bei der Definition, Programmierung und Ausführung. So ist etwa in der von Microsoft entwickelten SQL-Sprache, T-SQL, zusätzliche Syntax implementiert, die umfangreichere Möglichkeiten bei der Trigger und Stored Procedures Funktionen ermöglicht. Dennoch ist die Trigger Funktion ein essentieller Teil der Datenorganisation und wird deswegen gemeinsam mit den Stored Procedures genauer betrachtet werden. Die folgenden Beispiele veranschaulichen die Besonderheiten der einzelnen Datenbanken:

Listing 3.11 zeigt die Triggerfunktion anhand einer Microsoft SQL Datenbank. Hier wird in der Tabelle *kunde* überprüft, ob die Spalte premium 1 bzw. 0 ergibt, unter der Annahme, dass der Spaltentyp nicht BOOLEAN wäre.

19

```
1   CREATE TRIGGER check_wert
2   ON kunde
3   AFTER INSERT
4   AS
5   DECLARE @match tinyint , @match_ref varchar(32)
6   SELECT @match=spalte1 , @match_ref=spalte2 FROM kunde ;
7
8   IF (@match = 1)
9   UPDATE kunde
10  SET
11  premium = true
12  WHERE
13  ID = @match_ref
14
15  ELSE
16  UPDATE kunde
17  SET
18  premium = false
19  WHERE
20  ID = @match_ref
```

Listing 3.11: Triggerfunktionalität unter Microsoft SQL

Im Vergleich dazu wird in Listing 3.12 gezeigt, wie in der MySQL Umgebung eine Tabelle auf Änderungen überprüft wird. Unmittelbar nachdem Änderungen durchgeführt wurden, werden die alten Werte mit Zeitstempel in eine eigene Tabelle geschrieben, um alle Änderungen nachvollziehen zu können.

```
1   CREATE TRIGGER kunden_changes
2   AFTER UPDATE ON kunde
3   FOR EACH ROW
4   INSERT INTO kunde_historie
5   ( nr, name, strasse , datechanged )
6   VALUES
7   (old.nr, old.name, old.strasse , NOW())
8   ;
```

Listing 3.12: Triggerfunktionalität unter MySQL

In dem Beispiel Listing 3.13 wird in der Oracle Testdatenbank keine Zeile verändert, sondern mittels Trigger der Unterschied zwischen dem alten und dem neuen Lohnbetrag berechnet; mit dem SQL Statement Zeile 9 - 11 werden alle 3 Werte (alter u. neuer Lohnbetrag sowie die Differenz) ausgegeben.

```
1   CREATE OR REPLACE TRIGGER ausgabe_lohn_aenderung
2     BEFORE DELETE OR INSERT OR UPDATE ON mitarbeiter
3     FOR EACH ROW
4   WHEN (new.nr > 0)
5   DECLARE
6       lohn_diff number;
7   BEGIN
8       lohn_diff := :new.lohn  − :old.lohn;
9       dbms_output.put('Bisheriger Verdienst: ' || :old.lohn);
10      dbms_output.put('Neuer Verdienst salary: ' || :new.lohn);
11      dbms_output.put_line(' Unterschied ' || lohn_diff);
12  END;
13  /
```

Listing 3.13: Triggerfunktionalität unter Oracle

In der PostgreSQL Umgebung geschieht die Triggerprogrammierung etwas anders, da eigene Sprachen zur Programmierung zur Verfügung stehen. Neben der eigenen Sprache

PL/pgSQL gibt es noch die Möglichkeit, Tcl, Perl, Python oder C zu verwenden. Das Listing 3.14 als Beispiel aus der Postgres Testdatenbank veranschaulicht diese Möglichkeiten in einem einfachen Vorgang. Die Auswahl der Programmiersprache erfolgt in Zeile 19. Der Trigger an sich funktioniert so, dass für jede Zeile, die in die Tabelle *bestellung* eingefügt wird, der Trigger ausgeführt und in die Tabelle *statistik* ein Counter um +1 hochgezählt wird. Der Trigger wird zur Tabelle *bestellung* mittels Code ab Zeile 21 zugewiesen.

```
1    CREATE OR REPLACE FUNCTION count_bestellungen ()
2      RETURNS "trigger" AS
3    $BODY$
4      DECLARE
5        count INTEGER;
6        right_now DATE;
7      BEGIN
8        right_now := 'now';
9        SELECT INTO count order_counter FROM statistik WHERE datum = right_now;
10       IF count ISNULL THEN
11           INSERT INTO statistik (datum, order_counter) VALUES (right_now, 1  )
             ;
12       ELSE
13           count := count + 1;
14           UPDATE statistik SET order_counter = count WHERE datum = right_now;
15       END IF;
16       RETURN NEW;
17     END;
18   $BODY$
19     LANGUAGE 'plpgsql' VOLATILE;
20
21   CREATE TRIGGER bestell_trigger
22     AFTER INSERT
23     ON test
24     FOR EACH ROW
25     EXECUTE PROCEDURE count_bestellungen ();
```

Listing 3.14: Triggerfunktionalität unter PostgreSQL

3.3.4 Stored Procedures

Ein gespeicherter Prozess ist ähnlich wie ein Trigger eine gespeicherte Funktion, wobei Abläufe gespeichert werden. Anders als bei der Trigger-Funktion, wo der Trigger durch eine Datenbankaktion angestoßen wird, ist ein gespeicherter Prozess am bzw. im Datenbankserver gespeichert (daher auch der Name). Der Vorteil liegt darin, dass die enthaltenen Befehle nicht am Client, sondern am Server ausgeführt werden können, so muss auch nur ein einziger Aufruf durchgeführt werden.

Alle betrachteten Datenbanken können mit gespeicherten Prozeduren umgehen, wobei auch hier - ähnlich wie bei den Triggern - bei der Definition der Funktion erhebliche Abweichungen vorliegen. PostgreSQL zum Beispiel unterstützt auch in der aktuellen Version 8.4 die *Create Procedure* Syntax nicht zudem wird weiterhin die *CREATE FUNCTION* Syntax verwendet, die auch bei den Triggerfunktionen zum Einsatz kommt, wohl ist aber - dafür - die Portierung von Oracle Funktionen (PL/SQL) bis hin zu PostgreSQL (PL/pgSQL) möglich.

Zur Veranschaulichung MySQL, das die Trigger und Stored Procedures Funktionalität erst seit der Version 5.0 beherrscht, ist eine gespeicherte Funktion aus der Testdatenbank in Listing A abgebildet. Hier wird ein Report generiert, der die Kunden mit den höchsten Umsätzen pro Monat auflistet.

```
1   DELIMITER $$
2
3   DROP PROCEDURE IF EXISTS 'rewards_report' $$
4   CREATE DEFINER='root'@'localhost' PROCEDURE 'rewards_report'(
5       IN min_monthly_purchases TINYINT UNSIGNED
6       , IN min_dollar_amount_purchased DECIMAL(10,2) UNSIGNED
7       , OUT count_rewardees INT )
8       READS SQL DATA
9       COMMENT 'Provides a customizable report on best customers'
10  proc: BEGIN
11      DECLARE last_month_start DATE;
12      DECLARE last_month_end DATE;
13      /* Some sanity checks... */
14      IF min_monthly_purchases = 0 THEN
15          SELECT 'Minimum monthly purchases parameter must be > 0';
16          LEAVE proc;
17      END IF;
18      IF min_dollar_amount_purchased = 0.00 THEN
19          SELECT 'Minimum monthly dollar amount purchased parameter must be > $0.00';
20          LEAVE proc;
21      END IF;
22      /* Determine start and end time periods */
23      SET last_month_start = DATE_SUB(CURRENT_DATE(), INTERVAL 1 MONTH);
24      SET last_month_start = STR_TO_DATE(CONCAT(YEAR(last_month_start),'-',MONTH(
            last_month_start),'-01'),'%Y-%m-%d');
25      SET last_month_end = LAST_DAY(last_month_start);
26      /*
27          Create a temporary storage area for
28          Customer IDs.
29      */
30      CREATE TEMPORARY TABLE tmpCustomer (customer_id SMALLINT UNSIGNED NOT NULL
            PRIMARY KEY);
31      /*
32          Find all customers meeting the
33          monthly purchase requirements
34      */
35      INSERT INTO tmpCustomer (customer_id)
36      SELECT p.customer_id
37      FROM payment AS p
38      WHERE DATE(p.payment_date) BETWEEN last_month_start AND last_month_end
39      GROUP BY customer_id
40      HAVING SUM(p.amount) > min_dollar_amount_purchased
41      AND COUNT(customer_id) > min_monthly_purchases;
42      /* Populate OUT parameter with count of found customers */
43      SELECT COUNT(*) FROM tmpCustomer INTO count_rewardees;
44      /*
45          Output ALL customer information of matching rewardees.
46          Customize output as needed.
47      */
48      SELECT c.*
49      FROM tmpCustomer AS t
50      INNER JOIN customer AS c ON t.customer_id = c.customer_id;
51      /* Clean up */
52      DROP TABLE tmpCustomer;
53  END $$
54
55  DELIMITER ;
```

Listing 3.15: Stored Procedure unter MySQL

3.4 Entscheidungsmatrix

Hier soll eine Gegenüberstellung der für diese Analyse ausgesuchten Anforderungen in einer Entscheidungsmatrix dargestellt werden. Es wird keine Bewertung, sondern nur eine neutrale Einteilung vorgenommen, abhängig davon ob der besprochene Punkt vorhanden ist oder nicht. Für eine positive Beurteilung eines Features ist dessen native Unterstützung durch die Datenbank notwendig.

	Datenbanksysteme			
	Microsoft SQL	MySQL	Oracle	PostgreSQL
Hintergrund				
Einschränkungen	ja	nein	ja	nein
Lizenz	limitiert	GPL	limitiert	BSD
Support (Foren, Updates)	ja	ja	ja	ja
Administrative Tools	Win	Win, Lin, Mac	Web	Win, Lin, Mac
Datenintegrität				
ACID	ja	ja	ja	ja
MVCC	ja	ja	ja	ja
Fremdschlüssel	ja	ja	ja	ja
CHECK-Bedingung	ja	nein	ja	ja
Datenzugriff				
SQL-Standards	92,99,2003	92,99	92,99,2003	92,99,2003
Datentypen (eigene)	ja	nein	ja	ja
Datendefinitionen	ja	ja	ja	ja
Manipulationsbefehle	ja	ja	ja	ja
Join mit Full Outer Join	ja	nein	ja	ja
Datenorganisation				
View	ja	ja	ja	ja
Volltext-Index	ja	nein	ja	ja
Trigger	ja	ja	ja	ja
Stored Procedures	ja	ja	ja	ja

Tabelle 3.1: Entscheidungsmatrix für typische Anforderungen

Anmerkung: Um die Ergebnisse nicht zu verfälschen, werden in dieser Analyse bei den verwendeten Datenbanksystemen nur jeweils ein Tabellentyp verwendet, im Fall der MySQL Umgebung ist dies InnoDB.

4 Schluß

Bei einem Vergleich von Features und Anforderungen ausgewählter Datenbanken stellt sich die essentielle Frage, welche Datenbanken auszwählen sind und miteinander verglichen werden sollen, denn der Markt an freien und kommerziellen Datenbanken ist ein stetig wachsender. Die Auswahl für diese Arbeit fiel nach eingehender Analyse zunächst auf die zwei größten "freien" Datenbanken auf dem Markt: MySQL und PostgreSQL, dazu kamen als Vertreter der kommerziellen Anbieter Microsoft SQL Server und Oracle. Alle 4 Datenbanken weisen Besonderheiten auf, die sie aus der Masse hervorheben und so beschaffen sind, den tatsächlichen Anforderungen, die eine Unternehmensdatenbank an ein Datenbanksystem stellt, gegenübergestellt zu werden.

Diese Gegenüberstellung wurde in zwei Phasen gegliedert: Im ersten Teil, dem Vergleich wurde neben einer kurzen Einführung und ein Spotlight auf die Geschichte der betrachteten Datenbank, der Fokus auf die administrative Möglichkeiten gelegt, die für eine professionellen Datenbank von Bedeutung sind. Es wurden die Möglichkeiten zur Verwaltung des Datenbanksystems bzw. Tools zur Migration kritisch hinterfragt: Alle 4 Vertreter konnten grundsätzlich die Voraussetzungen erfüllen. Unterschiede gab es zum Beispiel bei den Plattformen, die unterstützt werden und in der Qualität der grafischen Oberfläche der einzelnen Programme. MySQL bietet etwa als einziger der vier Hersteller ein kostenloses Programm zum Datenbankentwurf an. Als Vorteil andererseits erwies sich die Möglichkeit, Verwaltungsarbeiten per Weboberfläche zu erledigen, wie es Oracle pflegt, um vollkommen betriebssystemunabhängig agieren zu können.

Weiters wurde die verwendete Lizenz sowie mögliche Einschränkungen des Datenkbanksystems erhoben und auch mögliche Lizenzkosten der kommerziellen Vertreter betrachtet und miteinander verglichen. Auch hier haben sich die ersten Unterschiede gezeigt: Microsoft SQL und Oracle beschränken ihre Datenbanksysteme auf eine Größe von maximal 4 GB. Es ist zwar möglich, bei Erreichung diese Grenze mittels "Upgradefunktion" auf ein leistungsfähigeres Produkt umzusteigen, allerdings werden hier zusätzliche Kosten fällig, die aufgrund der sich stetig ändernden Lizenzpolitik nur schwer abschätzbar sind. Die Vertreter der Open Source Datenbanken weisen kein Limitierung der Datenbankgröße auf, beziehungsweise definiert sich eine Maximalgröße durch die Beschränkungen durch das zugrundeliegende Betriebssystem.

Im Bereich Support haben die freien Datenbanken durch ihre enge Verknüpfung mit der

Open-Source Gemeinde Vorteile auf ihrer Seite. Freie Entwickler und Datenbankadministratoren bieten unentgeltlich Unterstützung in den zahlreichen Foren und Wikis an und sorgen so durch Bugfixing stehts für aktuelle Patches, um Sicherheitslücken und Fehler zu schließen bzw. zu beheben; Es ist auch zu beachten, dass die Entwicklung und Unterstützung für das MySQL Datenbanksystem im Moment noch unklar ist, da die Übernahme von Oracle zum Zeitpunkt dieser Arbeit noch nicht vollständig vollzogen wurde und so deren Auswirkungen in Hinblick auf die weitere Geschäftsausrichtung seitens Oracle ebenfalls Fragen offen lässt.

Im zweiten Teil dieser Gegenüberstellung wird explizit auf die Fragestellung eingegangen: Erhebung von Features und Gegenüberstellung zu tatsächlichen Anforderungen. Zur besseren Übersichtlichkeit und Auflistung wurden die Anforderungen in 3 Kategorien unterteilt: Datenintegrität, Datenzugriff und Datenorganisation. In der Kategorie Datenintegrität wurde das Hauptaugenmerk auf die Sicherheit der Transaktionen sowie die gespeicherten Daten gelegt, ebenso auf die Konsistenz der Verbindung zwischen den einzelnen Tabellen. Die Ergebnisse sind wenig überraschend: Alle Datenbanken erfüllten größtenteils die Anforderungen, wie diverse Beispiellistings belegen. In der Kategorie Datenzugriff wurde speziell auf die Kompatibilität der verwendeten SQL-Standards geachtet sowie die Möglichkeit, die diversen Datentypen vollständig zu nutzen. Auch bei diesen Anforderungen konnten die betrachteten Datenbanken den Anforderungen der Unternehmensdatenbanken gerecht werden und arbeiteten so, wie zu erwarten war. In der letzten Kategorie: Datenorganisation wurden die Vorgänge zusammengefasst, die die Organisation und Verwendung der Datenbank bestimmen. Hier wurden erstmals Diskrepanzen zwischen den untersuchten Datenbanken festgestellt, vor allem bei den verwendeten Trigger-Funktionen und gespeicherten Prozeduren. Die Beispiellistings zeigten, dass jeder Hersteller sich zwar oberflächlich an den gängigen Standards orientiert, aber im Detail doch große Unterschiede aufweist, die, im Falle einer Migration oder Wechsel der Datenbank eine gewisse Einarbeitungszeit erfordern.

In dem Punkt, wie schnell eine Datenbank arbeitet, welcher am Anfang des Kapitels 2 angesprochen wurde, kommt es wie bereits erwähnt sehr auf die Art der gespeicherten Daten sowie auf die Größe der Tabellen an. Die Benchmarks der Datenbankhersteller haben es in ihre Natur, dass die eigene Datenbank als schnellste aller verglichenen Vertreter bewertet wird, da alle Optimierungsmöglichkeiten genutzt werden können. Diese Benchmarks aus den genannten Quellen in Kapitel 2, die von unabhängigen Dritten erstellt wurden, sehen einen deutlichen Geschwindigkeitsvorteil für MySQL bei Datenbanken, die sich im ein- bis zweistelligen Megabyte-Bereich bewegen, wie es etwa bei Datenbanken im Webbereich vorkommt und als mögliche Ursache für die Popularität dieser Datenbank erklärbar wäre. Bei Datenbanken, die größer als 20 Gigabyte sind, ist wiederum die PostgreSQL

Datenbank wegen der Geschwindigkeitsvorteile gegebenüber den anderen Vertretern zu benennen, wobei die Express-Versionen von Microsoft SQL und Oracle aufgrund ihrer Datenbankgrößenbeschränkung von 4 Gigabyte nicht untersucht werden konnten. Um alle diese Vorteile zu ermitteln und alle Optimierungsmöglichkeiten der gewählten Datenbank auszuschöpfen, sollte bei der Erstellung einer Datenbankstruktur ein Spezialist mit dem nötigen Know-How in diesem Bereich hinzugezogen werden.

In der Entscheidungsmatrix wurden alle Anforderungen zusammengefasst, sie bietet eine Übersicht der typische Problemstellungen, wie sie in Unternehmensdatenbanken auftreten können. Eine spezifische Bewertung der Features mittels Noten oder Punkten würde die Objektivität und Sachlichkeit dieser Arbeit beeinträchtigen, daher beschränkt sich diese Matrix einzig und allein darauf, ob Features vorhanden sind oder nicht.

Einen eindeutigen "Sieger" zu benennen ist nicht Zielsetzung dieser Arbeit, jede Datenbank besitzt Stärken und Schwächen, die für das eine oder andere Szenario notwendig oder zu vernachlässigen sind. Letztlich muss jeder Entscheidungsträger selbst abwägen, welche Features benötigt werden, welche in die Kategorie "Nice to have" fallen und auf welche verzichtet werden kann, so darf geschlossen werden, frei nach dem Sprichwort:

Die "Schönheit" (einer Datenbank) liegt immer im Auge des Betrachters.

Literaturverzeichnis

[Abraham Silberschatz 2006]   ABRAHAM SILBERSCHATZ, S. S.: *Database System Concepts.* McGraw-Hill, 2006

[Alexander 2008]   ALEXANDER, Sascha: Der Datenbankmarkt im Umbruch. In: *Computerwoche 03/2009, IDG Business Media GmbH* (2008), S. 12–14

[aspicon.de 2009]   ASPICON.DE: *Oracle Datenbank Lizenzen.*   2009. – URL `http://www.datenbank-lizenzen.com/oracle_lizenzen/html/f/12/oracle_datenbank_lizenzen_lizenzformen.html`. – Zugriffsdatum: 10.10.2009

[Burleson-Consulting 2009]   BURLESON-CONSULTING: *Liste der Datenbankmanagementsysteme.* 2009. – URL `http://www.dba-oracle.com/concepts/views.htm`. – Zugriffsdatum: 01.12.2009

[Chris Leiter 2009]   CHRIS LEITER, Michael Cierkowski Albert B.: *Beginning Microsoft SQL Server 2008 Administration.* Wrox Press, 2009

[Date 2007]   DATE, C.J.: *Fachwörterbuch Relationale Datenbanken.* O'Reilly, 2007

[dev.mysql.com 2009]   DEV.MYSQL.COM: *MySQL 5.1 Reference Manual.* 2009. – URL `http://dev.mysql.com/doc/refman/5.1/en/`. – Zugriffsdatum: 08.12.2009

[Diedrich 2008]   DIEDRICH, Oliver: Sun kauft MySQL AB. In: *c't 04/2008, Heise Verlag* (2008), S. 46

[Geppert 2008]   GEPPERT, Johannes: *Erstellung von Triggern in PostgreSQL.* 2008. – URL `http://www.jgeppert.com/2008/07/erstellen-von-triggern-in-postgresql/`. – Zugriffsdatum: 03.12.2009

[Horstmann 2006]   HORSTMANN, Jutta: Freie Datenbanken im Unternehmenseinsatz. In: LUTTERBECK, Bernd (Hrsg.) ; BÄRWOLFF, Matthias (Hrsg.) ; GEHRING, Robert A. (Hrsg.): *Open Source Jahrbuch 2006 – Zwischen Softwareentwicklung und Gesellschaftsmodell.* Lehmanns Media, 2006, S. 181–186

[Kleijn 2009]   KLEIJN, Alexandra: *Oracle kauft Sun.* 2009. – URL `http://www.heise.de/open/artikel/`

Oracle-kauft-Sun-Was-wird-aus-Java-MySQL-und-OpenOffice-221803.html. –
Zugriffsdatum: 10.10.2009

[Kofler 2008]   KOFLER, Michael: MySQL 5.1: Neue Features - und Kritik. In: *c't 26/2008*,
Heise Verlag (2008), S. 52–53

[Kropff 2009]   KROPFF, Peter: *MySQL - Joins - Full Outer Join*. 2009. – URL http://
www.peterkropff.de/site/mysql/full_outer_join.htm. – Zugriffsdatum: 06.12.2009

[Langenau 2001]   LANGENAU, Frank: *Microsoft SQL Server 2000*. Markt+Technik Verlag,
2001

[Leo Hsu 2008]   LEO HSU, Regina O.: *Cross Compare of SQL Server, MySQL, and
PostgreSQL*. 2008. – URL http://www.postgresonline.com/journal/index.php?
/archives/51-Cross-Compare-of-SQL-Server,-MySQL,-and-PostgreSQL.html. –
Zugriffsdatum: 15.01.2010

[microsoft.com 2008a]   MICROSOFT.COM: *Microsoft SQL Server 2008*. 2008. – URL http:
//www.microsoft.com/germany/sql/2008/default.mspx. – Zugriffsdatum: 08.12.2009

[microsoft.com 2008b]   MICROSOFT.COM: *Microsoft SQL Server 2008 Editions*. 2008.
– URL https://www.microsoft.com/sqlserver/2008/en/us/editions.aspx. – Zugriffsdatum: 09.10.2009

[Monk 2009]   MONK, J. D.: *The Mathematics of Boolean Algebra*. 2009. – URL http:
//plato.stanford.edu/entries/boolalg-math/. – Zugriffsdatum: 06.12.2009

[mysql.com 2008a]   MYSQL.COM: *MySQL Migration Toolkit*. 2008. – URL http://dev.
mysql.com/doc/migration-toolkit/en/index.html. – Zugriffsdatum: 04.10.2009

[mysql.com 2008b]   MYSQL.COM: *MySQL Workbench*. 2008. – URL http://dev.mysql.
com/downloads/workbench/5.1.html. – Zugriffsdatum: 04.10.2009

[mysql.com 2009a]   MYSQL.COM: *Changes in MySQL 5.1.38 (01 September 2009)*. 2009.
– URL http://dev.mysql.com/doc/refman/5.1/en/news-5-1-38.html. – Zugriffsdatum: 02.10.2009

[mysql.com 2009b]   MYSQL.COM: *MySQL GUI Tools*. 2009. – URL http://dev.mysql.
com/downloads/gui-tools/5.0.html. – Zugriffsdatum: 04.10.2009

[mysql.com 2009c]   MYSQL.COM: *Was soll ich einsetzen: MySQL Enterprise oder MySQL
Community Server?* 2009. – URL http://www.mysql.de/products/which-edition.
html. – Zugriffsdatum: 02.10.2009

[oracle.com 2006]   ORACLE.COM: *Oracle Database 10g Express Edition: Not Just for Learners.* 2006. – URL http://www.oracle.com/technology/pub/articles/cunningham-database-xe.html. – Zugriffsdatum: 10.10.2009

[oracle.com 2008]   ORACLE.COM: *Oracle SQL Developer 1.5: Feature List.* 2008. – URL http://www.oracle.com/technology/products/database/sql_developer/files/featurelist_1_5.htm. – Zugriffsdatum: 10.10.2009

[oracle.com 2009]   ORACLE.COM: *Critical Patch Updates and Security Alerts.* 2009. – URL http://www.oracle.com/technology/deploy/security/alerts.htm?msgid=7301943. – Zugriffsdatum: 24.10.2009

[postgresql.org 2008]   POSTGRESQL.ORG: *PostgreSQL License.* 2008. – URL http://wwwmaster.postgresql.org/about/licence. – Zugriffsdatum: 09.10.2009

[postgresql.org 2009a]   POSTGRESQL.ORG: *Concurrency Control.* 2009. – URL http://www.postgresql.org/docs/8.3/interactive/mvcc-intro.html. – Zugriffsdatum: 29.11.2009

[postgresql.org 2009b]   POSTGRESQL.ORG: *Die kurze Geschichte von PostgreSQL.* 2009. – URL http://www.postgresql.org/files/documentation/books/pghandbuch/html/history.html. – Zugriffsdatum: 06.10.2009

[postgresql.org 2009c]   POSTGRESQL.ORG: *PostgreSQL 8.4.1 Documentation.* 2009. – URL http://www.postgresql.org/docs/8.4/interactive/index.html. – Zugriffsdatum: 08.12.2009

[Radim 2009]   RADIM, Kolar: *DB2 Express C vs MS SQL Express vs MySQL vs PostgreSQL benchmark.* 2009. – URL http://www.channeldb2.com/profiles/blogs/db2-express-c-vs-ms-sql. – Zugriffsdatum: 15.01.2010

[support.oracle.com 2009]   SUPPORT.ORACLE.COM: *My Oracle Support.* 2009. – URL https://support.oracle.com/CSP/ui/flash.html. – Zugriffsdatum: 08.12.2009

[Throll 2003]   THROLL, Marcus: *MySQL4.* Galileo Press GmbH, Bonn, 2003

[wikipedia.org 2009]   WIKIPEDIA.ORG: *Liste der Datenbankmanagementsysteme.* 2009. – URL http://de.wikipedia.org/wiki/Liste_der_Datenbankmanagementsysteme. – Zugriffsdatum: 24.10.2009

Abbildungsverzeichnis

Listings

Tabellenverzeichnis

Anhang

A SQL-Skript CREATE DATABASE testermgmbh

```
1   --
2   -- Create schema testergmbh1
3   --
4
5   CREATE DATABASE IF NOT EXISTS testergmbh1;
6   USE testergmbh1;
7
8   --
9   -- Definition of table 'artikel'
10  --
11
12  DROP TABLE IF EXISTS 'artikel';
13  CREATE TABLE 'artikel' (
14    'nr' int(11) NOT NULL AUTO_INCREMENT,
15    'name' varchar(45) COLLATE latin1_german1_ci NOT NULL,
16    'stand' int(11) NOT NULL,
17    'kritmenge' int(11) NOT NULL,
18    'bestellmenge' int(11) NOT NULL,
19    'preis' int(11) NOT NULL,
20    PRIMARY KEY ('nr')
21  );
22
23  --
24  -- Definition of table 'bestellung'
25  --
26
27  DROP TABLE IF EXISTS 'bestellung';
28  CREATE TABLE 'bestellung' (
29    'nr' int(11) NOT NULL AUTO_INCREMENT,
30    'datum' varchar(45) COLLATE latin1_german1_ci NOT NULL,
31    'kunde_nr' int(11) NOT NULL,
32    'ok' tinyint(1) NOT NULL,
33    'mitarbeiter_nr' int(11) NOT NULL,
34    PRIMARY KEY ('nr','kunde_nr','mitarbeiter_nr'),
35    KEY 'fk_bestellung_kunde' ('kunde_nr'),
36    KEY 'fk_bestellung_mitarbeiter1' ('mitarbeiter_nr'),
37    CONSTRAINT 'fk_bestellung_kunde' FOREIGN KEY ('kunde_nr') REFERENCES 'kunde' ('nr
         ') ON DELETE NO ACTION ON UPDATE NO ACTION,
38    CONSTRAINT 'fk_bestellung_mitarbeiter1' FOREIGN KEY ('mitarbeiter_nr') REFERENCES
         'mitarbeiter' ('nr') ON DELETE NO ACTION ON UPDATE NO ACTION
39  );
40
41  --
42  -- Definition of table 'kunde'
43  --
44
45  DROP TABLE IF EXISTS 'kunde';
46  CREATE TABLE 'kunde' (
47    'nr' int(11) NOT NULL AUTO_INCREMENT,
48    'name' varchar(45) COLLATE latin1_german1_ci NOT NULL,
49    'adresse' varchar(45) COLLATE latin1_german1_ci NOT NULL,
50    'ort' varchar(45) COLLATE latin1_german1_ci NOT NULL,
51    'tel' varchar(45) COLLATE latin1_german1_ci NOT NULL,
52    'email' varchar(45) COLLATE latin1_german1_ci DEFAULT NULL,
53    'premium' tinyint(1) NOT NULL,
```

```
54     PRIMARY KEY ('nr')
55  ) ;
56
57  --
58  -- Definition of trigger 'kunden_change'
59  --
60
61  DROP TRIGGER /*!50030 IF EXISTS */ 'kunden_change';
62
63  DELIMITER $$
64
65  CREATE DEFINER = 'root'@'localhost' TRIGGER 'kunden_change' AFTER UPDATE ON 'kunde'
        FOR EACH ROW INSERT INTO kunde_historie
66
67  ( nr, name, adresse, datechanged)
68
69  VALUES
70
71  (old.nr, old.name, old.adresse, NOW()) $$
72
73  DELIMITER ;
74
75  --
76  -- Definition of table 'kunde_historie'
77  --
78
79  DROP TABLE IF EXISTS 'kunde_historie';
80  CREATE TABLE 'kunde_historie' (
81     'nr' int(11) NOT NULL,
82     'name' varchar(45) COLLATE latin1_german1_ci NOT NULL,
83     'adresse' varchar(45) COLLATE latin1_german1_ci NOT NULL,
84     'datechanged' datetime NOT NULL,
85     PRIMARY KEY ('nr') USING BTREE
86  ) ;
87
88  --
89  -- Definition of table 'mitarbeiter'
90  --
91
92  DROP TABLE IF EXISTS 'mitarbeiter';
93  CREATE TABLE 'mitarbeiter' (
94     'nr' int(11) NOT NULL AUTO_INCREMENT,
95     'name' varchar(45) COLLATE latin1_german1_ci NOT NULL,
96     'tel' int(11) NOT NULL,
97     PRIMARY KEY ('nr')
98  ) ;
99
100 --
101 -- Definition of table 'rel_bestellung_artikel'
102 --
103
104 DROP TABLE IF EXISTS 'rel_bestellung_artikel';
105 CREATE TABLE 'rel_bestellung_artikel' (
106    'bestellung_nr' int(11) NOT NULL,
107    'artikel_nr' int(11) NOT NULL,
108    'rel_bestellung_artikel.menge' int(11) NOT NULL,
109    PRIMARY KEY ('bestellung_nr','artikel_nr'),
110    KEY 'fk_bestellung_has_artikel_bestellung1' ('bestellung_nr'),
111    KEY 'fk_bestellung_has_artikel_artikel1' ('artikel_nr'),
112    CONSTRAINT 'fk_bestellung_has_artikel_bestellung1' FOREIGN KEY ('bestellung_nr')
        REFERENCES 'bestellung' ('nr') ON DELETE NO ACTION ON UPDATE NO ACTION,
113    CONSTRAINT 'fk_bestellung_has_artikel_artikel1' FOREIGN KEY ('artikel_nr')
        REFERENCES 'artikel' ('nr') ON DELETE NO ACTION ON UPDATE NO ACTION
114 ) ENGINE=InnoDB DEFAULT CHARSET=latin1 COLLATE=latin1_german1_ci;
```